NOTICE

SUR UN

RECUEIL DE PLANS D'ÉDIFICES

CONSTRUITS PAR LES ARCHITECTES

DE LA COMPAGNIE DE JÉSUS

NOTICE

SUR UN

RECUEIL DE PLANS D'ÉDIFICES

CONSTRUITS PAR LES ARCHITECTES

DE LA COMPAGNIE DE JÉSUS

1607-1672

PAR

Henri BOURDE DE LA ROGERIE

ARCHIVISTE DU FINISTÈRE
CORRESPONDANT DU MINISTÈRE DE L'INSTRUCTION PUBLIQUE

PARIS

TYPOGRAPHIE PLON-NOURRIT ET Cⁱᵉ

RUE GARANCIÈRE, 8

1904

NOTICE

SUR UN

RECUEIL DE PLANS D'ÉDIFICES

CONSTRUITS

PAR LES ARCHITECTES DE LA COMPAGNIE DE JÉSUS

(1607-1672)

Les monuments religieux construits au dix-septième et au dix-huitième siècle sont généralement de nos jours confondus dans le même dédain qui, à l'époque où ils furent construits, condamnait tous les édifices bâtis au moyen âge comme construits sans art, sans goût, en un mot, comme « gothiques ». L'heureuse réaction qui, depuis les grands travaux des Caumont, des Gerville, des Viollet-Le-Duc, des Quicherat, a ramené l'attention, puis l'admiration vers les chefs-d'œuvre de l'architecture médiévale, a fait tomber dans le plus complet discrédit les œuvres datant d'époques plus récentes. Dans la plupart des cathédrales, puis dans les églises rurales, des objets d'ameublement souvent intéressants ont été détruits ou vendus et remplacés par des chaires, des autels, des statues réputés du style de l'église — en réalité d'une déplorable banalité ; les églises et chapelles des dix-septième et dix-huitième siècles n'ont pas été pour la plupart détruites et remplacées par des édifices au goût du jour, mais elles ne trouvent plus d'admirateurs : il y a là quelque exagération. Il est incontestable que le dix-septième siècle fut, pour l'architecture religieuse, une période de décadence — que, en particulier, les édifices construits par les jésuites, sauf de rares exceptions [1], sont de monotones copies de modèles médiocres : les églises italiennes ; — mais nous croyons cependant que les architectes français du siècle de Louis XIV surent bâtir quelques églises majestueuses et surtout d'élégantes chapelles ; par exemple, pour ne citer que les monuments que nous avons visités, l'église Notre-Dame de la Gloriette, à Caen ; le portail de Saint-Thomas d'Aquin, à Paris ; l'église de Notre-Dame, à Bordeaux ; la chapelle de la Visitation, au Mans ; la chapelle du château de Versailles.

Les plans manuscrits conservés à la bibliothèque communale de Quimper ne concernent aucun de ces monuments. Plusieurs se rapportent à des édifices peu importants ou disparus : ils méritent cependant d'être étudiés et nous ne doutons pas que le volume dont nous allons donner l'analyse ne puisse être de quelque utilité à l'érudit qui entreprendra d'initier le vingtième siècle à l'intelligence de l'architecture religieuse du siècle de Louis XIV. Les séries de plans qui existent pour les chapelles de Blois, Orléans, Paris, Rennes permettent de reconnaître les causes qui conduisirent les architectes jésuites à construire des édifices d'une fastidieuse banalité : les projets souvent dessinés par des architectes de talent étaient soumis aux supérieurs généraux de la Compagnie, juges incompétents mais très autoritaires, toujours portés à condamner ce que le plan pouvait comporter d'original et de personnel. La construction de la chapelle ou du collège durait parfois fort longtemps : les architectes qui se succédaient à la direction des travaux ne se faisaient aucun scrupule de modifier le plan primitif, surtout lorsque, comme à Rennes, les uccès croissant du collège mettait à leur disposition des ressources inespérées. Le recueil de Quimper permettra aux historiens de reconnaître la part qui revient à chaque architecte dans la construction de plusieurs anciens collèges [2].

[1] Cf. : Louis SERBAT, *l'Architecture gothique des jésuites au dix-septième siècle* [en Belgique et dans le nord-est de la France], *Bulletin monumental,* t. LXVI et LXVII, Paris, 1902 et 1903, in-8°.

[2] Le cabinet des estampes de la Bibliothèque nationale possède sur ce sujet des recueils plus importants, notamment la collection de dessins de Martellange que nous citerons plus loin (cotée Ub⁹ et Ub⁹ᵃ) et un recueil de plans de collèges des jésuites soumis au supérieur de la Compagnie (coté H d⁴ - H d⁴ᵈ). L'étude

Ce volume, grossièrement relié par un ouvrier inexpérimenté, comprend des éléments assez disparates : sept frontispices de thèses, quinze portraits du dix-septième siècle, des figures et des estampes découpées dans des traités de géométrie et d'architecture; enfin, les cent six plans et dessins qui font l'objet de la présente étude, le tout placé sans aucun ordre. Le recueil, qui ne présente aucune désignation d'origine, provient vraisemblablement de la bibliothèque de l'ancien collège des jésuites de Quimper[1], mais n'est pas celui, plus important, qui d'après un acte du 15 mai 1692 fut présenté par le recteur du collège à des experts chargés d'examiner l'état des constructions[2].

Les cent six plans et dessins du recueil concernent trente-trois édifices, dont vingt-cinq églises, chapelles ou collèges et huit châteaux, maisons et moulins; il en est onze que nous n'avons pu identifier : huit se rapportent à des églises et chapelles, trois à des châteaux; une vingtaine concernent des objets d'ameublement. Les plus anciens documents sont du frère Martellange[3]; ils nous apprennent que le célèbre architecte de la Compagnie de Jésus travailla, en avril 1607, à Moulins; en juillet de la même année, à Carpentras; en mars 1615, à Nevers; en 1620, à Bourges; en novembre, à Orléans; en décembre, à Rouen; et en juin 1624,

de ces plans fournit des renseignements curieux sur l'idée que l'on se faisait, au dix-septième siècle, de la construction et de l'aménagement des établissements d'éducation.

[1] Ce volume renferme un témoignage assez singulier de son séjour dans la bibliothèque du collège de Quimper; un petit morceau de papier placé en guise de signet au f° 181 porte : *Qui fecerunt murmur;* suivent quatorze noms bas-bretons : Bellegou, Kerguern, Euzenou, Bris, etc. Ce sont vraisemblablement les noms d'enfants qui avaient troublé la tranquillité de la classe. — Ce recueil n'a été cité par aucun auteur; il ne figure pas à l'inventaire des mss. de la bibliothèque inséré au t. XXII du *Catalogue général des manuscrits des bibliothèques de France* (1893).

[2] Arch. du Finistère D. 4. Le recueil consulté en 1692 est aujourd'hui perdu.

[3] Sur Martellange, voir : E.-L.-G. CHARVET, *Biographies d'architectes. Étienne Martellange, 1569-1641,* Lyon, 1874, in-8°, et H. BOUCHOT, *Notice sur la vie et les travaux d'Étienne Martellange* (Bibliothèque de l'Ecole des chartes, t. XLVI, Paris, 1886, in-8°, p. 17-52, 208-225). Cette notice est particulièrement consacrée au recueil de cent soixante-quinze vues dessinées par Martellange conservé au cabinet des estampes de la Bibliothèque nationale sous les cotes U^{bs} et U^{bsa}; le recueil H^{d4}-H^{d4d} mériterait d'être l'objet d'une étude analogue.

à Blois; il est peut-être l'auteur d'un plan dessiné pour une chapelle de Dinan en 1628 [1].

Un frère jésuite, sur lequel nous ne savons rien de plus que cette courte note écrite par lui, « Charles Turmel, Breton, architecte et religieux de la Compagnie de Jésus [2] », est l'auteur des plans bien inférieurs à ceux de Martellange dessinés en 1629 à Rennes, en 1632 et 1633 à Orléans, pour le collège de cette ville, le château de la Source et le collège de Quimper; en 1634 (mars et avril), en 1636 et en 1637, à Blois; en 1638, à Paris; en 1642, à Amiens, et à Paris, où il revint encore en 1644; en 1647 et 1648, à Alençon (mois de mai) et à Amiens (octobre); en 1649, à Amiens (juin et juillet); en 1650, à Rennes; en 1652 (décembre), à Valognes; en 1653 et 1654, à Caen.

Un plan de 1619 est l'œuvre d'un autre jésuite breton, le Père Jacques de Guernisac, qui jouissait d'une certaine réputation en matière d'architecture au début du dix-septième siècle [3]; les élévations et dessins de la Sorbonne et de l'église de l'Oratoire, à Paris, sont des copies de dessins de l'architecte du roi, Mercier; enfin, une quinzaine de plans sont l'œuvre d'architectes inconnus.

Nous avons groupé, dans l'inventaire qui suit, les plans, suivant l'ordre alphabétique des noms des villes auxquelles ils se rapportent, en y joignant, lorsque cela nous a été possible, quelques notes historiques [4]. Tous les plans et dessins, sauf indication contraire, mesurent 29 centimètres de largeur sur 40 centimètres de hauteur; chacun d'eux est accompagné d'une échelle et d'une légende, généralement très détaillée.

ALENÇON. — 1°. « Plan du collège d'Alençon, comme il est à présent, en may 1648, Ch. Turmel » (f° 257).

2° « Plan du collège d'Alençon, selon le plan qu'on a à présent; emplacement de nouveau par Charles Turmel, en may

---

[1] Voir en outre *infrà*, p. 16-17, la description de deux plans dessinés peut-être par Martellange conservés aux Archives du département du Finistère.

[2] Le nom de famille Turmel est assez répandu dans la haute Bretagne, ainsi que le nom de village La Turmellière.

[3] *Bull. de la Soc. archéol. et hist. de l'Orléanais*, t. VII, 1875, p. 106.

[4] Pour l'histoire des chapelles d'Orléans, de Rennes et de Rouen et du château de Vibraye nous avons utilisé les notes que nous ont très obligeamment fournies MM. Herluison, Parfouru, C. de Beaurepaire et Menjot d'Elbenne.

1648 » (f° 258). Le second plan ne laisse rien subsister des édifices existants, sauf un petit corps de bâtiment — chapelle provisoire ou salle des exercices [1] ?

AMIENS. — 1° « Plan de la Bouteillerie, maison de récréation du collège de la Compagnie de Jésus en la ville d'Amiens fait par Charles Turmel, de la même Compagnie, en octobre 1648 » (f° 234; 0,45×0,487); le plan indique l'état des lieux ainsi que les « advenues à faire », le « plan des futurs bâtiments à faire », etc.

2° « Plan du collège d'Amiens, tel qu'il se trouve à présent, faict par Charles Turmel, architecte, en juin 1649 » (f° 232; 0,50×0,38). Le plan, malheureusement rogné, s'étend au quartier compris entre le Mail, le jardin des Feuillants, la maison des religieuses du Paraclet, le grand cimetière et la rue de Noyon [2].

3° « Plan du collège d'Amiens, tel qu'il devoit être selon le dessin du frère Charles Turmel, architecte de la Compagnie de Jésus, faict à Amiens en juillet 1649 » (f° 233; 0,41×0,39). On trouve sur ce plan le projet d'une importante église et d'une salle des exercices qui devaient être édifiées à l'emplacement de maisons particulières contiguës au collège indiquées sur le plan précédent [3].

BLOIS [4]. — 1° « Ichonographie ou plan du collège de Blois, comme il se comporte (?) en juin, le 30, 1624 » (f° 236; 0,55× 0,28).

---

[1] En 1636, Dubuisson-Aubenay écrivait que les jésuites d'Alençon étaient « fort estroitement logés et en maison de bourgeois sur la grande rue » (DUBUISSON-AUBENAY, *Itinéraire de Bretagne en 1636*, publié par la *Société des Bibliophiles bretons*, Nantes, 1899, in-4°, t. II, p. 197); la situation n'avait pas changé lorsque Turmel fut appelé pour dresser un état des lieux et un projet de construction; les jésuites reçurent à cette époque un don de 6,000 l. pour la construction de leur église (Arch. Orne, D, 13); ce fut peut-être ce qui décida le voyage de l'architecte.

[2] Nous citons les noms inscrits sur le plan.

[3] Cf. : Plan sommaire de l'église dans le recueil H^{ddd} (n° 67) du cabinet des estampes de la Bibliothèque nationale.

[4] Le fr. Martellange dressa, en juin et juillet 1624, des plans du collège de Blois qui forment les n°s 21-23 du recueil H^{ddc}. Les plans furent approuvés, à Rome, le 7 février 1625 (Bouchot, *op. cit.*, p. 43-44); mais les projets de Martellange furent notablement modifiés par ses successeurs.

2° « Ichonographia collegii Blesensis Societatis Jesu, facta pro futuro ædificio, anno 1624, mense.....; hanc ichonographiam probavit R. P. Generalis, septimo Februarii 1625. Ita est Christophorus Baltazar » (f° 235; 0,55×0,28). Ces deux plans sont certainement de Martellange; le premier est un état des lieux, le second indique les constructions projetées : une église, cinq ou six nouvelles classes, etc.

3° « Élévation du dedans de l'église du collège de la Compagnie de Jésus, à Bloys; faict à Bloys par le frère Estienne Martellange » (f° 97). Cette note est de l'écriture de C. Turmel.

4° « Portail de l'église..., fait par Charles Turmel, à Bloys, en mars 1634 » (f° 99).

5° Élévation de l'abside de la même église « fait à Bloys, par Charles Turmel, en mars 1634 » (f° 102; 0,55×0,30).

6° Dessin de la tribune du dessus de l'entrée de la même église « à Bloys, en avril 1634, par Charles Turmel » (f° 100); cette tribune présentait beaucoup d'analogie avec celle que Turmel avait dessinée pour le collège de Rennes.

7° « Élévation du dedans de l'église de Bloys; fait par Charles Turmel, en avril 1634 » (f° 98; 0,40×0,53).

8° « Plan du collège de Bloys tel qu'il devoit estre; faict par Charles Turmel » (f° 237).

9° « Second plan » (f° 238).

10° « Plan pour le collège de Bloys, en aout 1637, par Charles Turmel » (f° 239).

11° Autre plan, par le même (f° 240).

12° « Plan fait pour le collège de Bloys tel qu'il devoit estre par Charles Turmel, 1637, le Père Charles Paulin estant recteur dudit collège » (f° 241).

13° Autre plan partiel, par le même (f° 242). Ces quatre plans présentent entre eux des différences assez sensibles et s'éloignent sur beaucoup de points du projet primitif de Martellange; ils comportent, par exemple, la construction de terrasses sur l'emplacement des rochers qui existaient derrière le collège, rochers où le plan de Martellange indique quatre grottes *(criptæ)*.

14° « Plan de la maison de Nosyeux (?) proche de Bloys, appartenant à M. Charron; fait à Blois, par Charles Turmel, en l'an 1636 » (f° 263).

BOURGES. — « Plan du logis neuf du collège de Bourges, en novembre 1620 » (f° 243, verso). Ce plan est de Martellange. Le *logis neuf* comprenait un réfectoire, une cuisine, une salle au rez-de-chaussée, dix chambres au premier étage, et un grenier ou galetas [1].

CAEN. — « Plan du couvent des carmélites de Caen, 1654 » (f° 259). Le plan, par C. Turmel, comprend l'église et tout le couvent; il n'est accompagné d'aucune échelle ni légende.

CARPENTRAS. — « Iconographie et premier, second et troisième plans du collège de Carpentras; fait en juillet 1607 » (f° 244). Ces plans, dessinés par Martellange, correspondent au rez-de-chaussée, au premier étage et au grenier du collège [2].

DINAN. — « Plan pour les ursulines de Dinan en Bretaigne, 1628 » (f° 260, sans légende). La note ci-dessus est de l'écriture de C. Turmel, mais le dessin et la légende semblent être de la main de Martellange [3].

LA FLÈCHE. — Plan du collège et du parc (f° 425; 0,40×0,60), très sommaire et peu intéressant.

MOULINS. — « Plan inférieur » et « plan supérieur du collège de Moulins en Bourbonnois, faict le 5 avril 1607 » (f° 243), par Martellange [4].

---

[1] Bouchot (*op. cit.*, p. 37-38) indique des travaux exécutés par Martellange pour le collège de Bourges, en 1611, 1615, 1620, 1621 : « Les cuisines, le réfectoire étaient en construction pendant l'année 1620. » — (Cf. : H⁴⁴ᵇ, nᵒˢ 131-137, et H⁴⁴ᵈ, nᵒ 45.)

[2] Cf. BOUCHOT, p. 28; les plans du recueil de Quimper ainsi que ceux du recueil de Paris (H⁴⁴ᶜ, nᵒˢ 128, 129, et H⁴⁴ et f° 46), étudiés par M. Bouchot, exécutés en 1607 et 1612, ne permettent pas de reconnaître l'analogie signalée par M. Charvet entre ce plan primitif de la chapelle de Carpentras, qui subsiste encore, et le plan de la chapelle du noviciat de Paris.

[3] Martellange séjourna en Bretagne en 1626 (BOUCHOT, p. 43); il y revint peut-être deux ans plus tard; ce serait à cette époque qu'il aurait pu dessiner un plan pour le couvent de Dinan.

[4] Cf. BOUCHOT, p. 49. — Le collège a été presque entièrement détruit; mais la ville de Moulins possède encore la chapelle du célèbre couvent de la Visitation qui fut élevée, en 1645-1655, par l'architecte Lingré sur le modèle de la chapelle du noviciat des jésuites de Paris (CHARVET, *Martellange*.)

Nevers. — 1° « Iconographie ou plan de l'église du collège de Nevers faite, le 19 mars 1617, par le frère Martellange [1], selon l'idée du R. P. Baltazar, de la Compagnie de Jésus, lors provincial et après assistant du R. P. général » (f° 127).

2° « Plan supérieur de l'église du collège de Nevers; faict le 19 mars 1615 » (f° 127), par Martellange.

3° « Élévation intérieure de l'église du collège de Nevers » (f° 128), par Martellange [2].

Orléans. — Nous décrirons successivement les plans du collège (n°° 1-12), du moulin de Saint-Samson (n°° 13-14), de la cathédrale (n°° 15-16), du château de la Source (n° 17).

1° « Iconographie ou plan de l'église du collège de la Compagnie de Jésus à Orléans, faict en janvier 1620 » (f° 78; 0,45×0,40).

2° « Élévation par le costé de l'eglise…, faict en janvier 1620 » (f° 79; 0,45×0,40).

3° « Dessin du plan ou enrayure de la charpente pour l'église… ensemble l'élévation des fermes et festages, faict en janvier 1620 » (f° 80; 0,45×0,40). Ces trois plans ne sont l'œuvre ni de Martellange, ni de Turmel [3].

4° « Plan du collège de la Compagnie de Jésus, à Orléans, aultrefois le prieuré de Saint-Sampson » (f° 245; 0,30×0,75). C'est un plan général comprenant : l'église, les bâtiments du collège et les propriétés particulières voisines, depuis la « Grande Allée », au nord, jusqu'à la « rue tendant aux quatre coings », au sud; de Saint-Mesmin, à l'est, jusqu'à la rue Sainte-Catherine, à l'ouest. Le plan, qui n'est pas du même auteur que les n°° 1 à 3, présente quelque analogie avec les travaux de Martellange sans qu'il soit possible cependant de le lui attribuer de façon certaine.

---

[1] Les trois plans du recueil de Quimper permettent d'établir la part qui revient à Martellange dans la construction de l'église de Nevers (Cf. Bouchot, p. 397). Nous ne savons s'il faut attribuer à « l'idée du R. P. Baltazar » les dispositions assez originales de cet édifice construit en forme de croix grecque et surmonté d'un très haut beffroi en charpente bien différent des tours qu'édifiaient d'ordinaire les architectes jésuites.

[2] Il existe deux plans généraux du collège dans le recueil H^{84b}, n°° 152, 153.

[3] M. Charvet compte l'ancienne église des jésuites d'Orléans parmi les œuvres de Martellange; nos plans cependant n'ont été dessinés ni par cet architecte, ni par Turmel, ni par le Père de Guernisac, de Quimper, dont la science architecturale était connue et appréciée à Orléans.

5° « Plan du collège d'Orléans, fait par Charles Turmel, selon l'ordre du R. P. Jacquinot, lors provincial, en 1632. » (f° 246).

6° « Second plan du 8° may 1632 » (f° 247), inachevé, probablement de C. Turmel.

7° Dessin inachevé d'un retable d'autel orné des statues de saint Samson et de saint Symphorien (f° 81), sans date, légende ni signature.

8° « Pièces particulières dudit autel d'Orléans » ; la pièce est contresignée par *Georges de la Haye* et *P. Corbière* (f° 89) ; en dépit de cette note écrite par C. Turmel, les deux dessins du f° 85 représentent l'un une cheminée, l'autre une porte d'église, surmontée d'une niche.

9° « Dessin du lave-mains de la sacristie du collège d'Orléans fait en l'an 1632 » (f° 83) ; joli dessin probablement de Turmel.

10°-12° Trois dessins de clochetons, un en maçonnerie, deux en charpente recouverte d'ardoises (f° 82, 87, 92). Ce n'est pas sans hésitation que nous attribuons au collège d'Orléans ces trois dessins que n'accompagne aucune note [1].

13° « Plan du moulin de Saint-Samson, près d'Orléans, appartenant aux jésuites » (f° 248). Ce plan n'est ni de Martellange, ni de Turmel.

14° Croquis au crayon représentant un moulin, probablement le moulin de Saint-Samson (f° 249 v°).

15° « Un projet du plan de l'église de Sainte-Croix d'Orléans qui est la cathédrale » (f° 293) ; inachevé.

16° Deux plans du transept nord de la cathédrale, l'un au niveau du sol, l'autre au niveau de l'entablement (f° 94 ; 0,10 × 0,20). Une note, rognée par le relieur, porte : « Plan de..... sous l'entablement, faict le 2 décembre 1620 (ou 1626)». Cette note et le plan sont de Martellange [2].

---

[1] L'ancienne église des jésuites a été détruite en 1848 ; il ne subsiste que le portail réédifié au cimetière Saint-Vincent (CHARVET, *Martellange*, p. 108-111).

[2] Sur le collège d'Orléans, voir BOUCHOT, p. 41-43. Dans les recueils conservés à Paris, M. Bouchot avait découvert des documents tendant à établir que Martellange avait collaboré à la reconstruction de la cathédrale d'Orléans ; mais des documents très probants avaient été publiés, dès 1875, par M. G. VIGNAT dans le *Bulletin de la Société historique de l'Orléanais* (Orléans, t. VI, p. 102-108) sous ce titre : « Le frère Martellange jésuite, architecte des transepts de la cathédrale d'Orléans. »

17° « Plan de la maison de la Source de la rivière du Loiret, appartenant à M. Desmeules, receveur général de la généralité d'Orléans, faict à Orléans, par Charles Turmel, en octobre 1633 » (f° 262; 0,57×0,40). Le plan, sans légende, s'étend à une partie des jardins voisins.

Paris. — Le recueil renferme des plans concernant la maison professe de la Compagnie de Jésus de la rue Saint-Antoine (n° 1-8), l'hôpital des Incurables (n° 9), la Chartreuse (n° 10), la Sorbonne (n° 11), l'église de l'Oratoire (n° 12-14); nous étudierons, à l'article *Quimper*, deux plans de la chapelle du noviciat des jésuites conservés aux archives du Finistère.

1° « Le plan et élévation de l'église de Saint-Louys de la rue de Saint Anthoine de Paris, en la maison professe de la Compagnie de Jésus, premièrement planté et eslevé jusques aux impostes par l'ordre du frère Martellange, continué par le R. P. Derand et achevé de le conduire par frère Turmel, dont la première messe fut dite par le cardinal duc de Richelieu, le Roy et toute la Cour y assistant. 1642 » (f° 119). Cette note, très probablement de C. Turmel, est intéressante car, si elle est exacte, elle établit la part respective des architectes Martellange et Derand dans la construction de l'église Saint-Louis [1].

2° « Plan du portail de Saint-Louys de la rue Saint-Antoine de Paris » (f° 120) [2].

3° « Plan de la contretable de l'église de Saint-Louis... pour le grand autel conduit par le frère Turmel, 1638 » (f° 122).

4° Esquisse d'un plan du même autel (f° 123).

5° « Plan de la maison professe de Paris sans y comprendre la maison de M. Moran où ils sont à présent » (f° 224; 0,52×0,40). Ce plan dressé, croyons-nous, par un prédécesseur de C. Turmel, est plus ancien que le plan n° 1 *ci-dessus;* il ne porte pas de légende, sauf l'indication pour un terrain situé au sud-est de l'église, que c'est « l'église qui est à présent » — le tracé d'un ter-

---

[1] M. Bouchot (p. 44-47) a dénié à Martellange la part dans les travaux de l'église Saint-Louis qui lui avait été attribuée par plusieurs auteurs anciens, notamment par Piganiol de la Force. — Cf. : H^{d4b}, n° 218-221.

[2] Ce plan présente la plus grande analogie avec le plan qui porte le n° 18 *bis* du recueil H^{d4b}.

rain concédé par le roi sur la rue Saint-Antoine pour établir le perron — et la mention d'une fontaine élevée presque en face du portail de l'église.

6° « Plan fait à Paris d'un bastiment basty en la place de la vieille chapelle de St Louys de la maison professe de la Compagnie de Jésus par la libéralité de M. de Luynes, et conduit par Charles Turmel, 1644 » (f° 221).

7°-8°. Autres plans du même bâtiment, 1644 (f°s 219-220).

9° « Plan de l'hôpital des Incurables du faubourg de St-Germain-lès-Paris » (f° 264; 0,60 × 046). Ce plan, inachevé, indique la destination des bâtiments : « cuisine faite... salle faite où sont les femmes malades... »; etc. Plusieurs parties de l'hôpital restaient à construire.

10° « Dessin du moulin à vent des R. P. Chartreux de Paris, retiré ce 3° novembre 1631 du noviciat de Paris » (f° 268). Le « dessin » comprend toute une série de plans de coupes et d'élévations qui ne sont ni de Martellange ni de Turmel.

11° « Plan de l'église de la Sorbonne, à Paris, fait par M. Mercier, architecte ordinaire au Roy, laquelle a été bastie par les libéralités de l'éminentissime cardinal duc de Richelieu » (f° 106; 0,65 × 0,40; inachevé).

12° « Dessin de l'élévation du dedans de l'église de l'Oratoire, de la rue de St Honoré à Paris, fait par M. Mercier, architecte du Roy » (f° 113).

13° « Plan de la même église » (f° 129); simple croquis au crayon; inachevé.

14° Élévation d'une travée de la même église à l'extérieur (f° 115).

QUIMPER. — 1° « Plan du collège de Quimper, tel que le Père Guernisac l'avoit dessiné en l'année 1619 » (f° 235, parchemin); nous ne croyons pas qu'il ait été exécuté grand'chose de ce plan tracé par le premier recteur du collège de Quimper; en 1620, le visiteur de la Compagnie de Jésus, le Père Ignace Armand, donnait des instructions pour aménager une maison particulière à l'usage des classes; un plan général fut approuvé à Rome le 30 novembre 1621 (H^{os}, n° 130); la construction du collège avança lentement. Cependant, en 1636, le voyageur Dubuisson-Aubenay constatait

que les jésuites avaient « desja deux corps de logis en potence de
pierre de taille, fort beaux et de grande et honneste apparençe
comme pour veoir et commander sur la ville [1] ». En 1655-1656 il
ne restait guère à construire que l'église [2]. L'ancien collège de
Quimper a été démoli, sauf la chapelle, en 1888; nous sommes
porté à croire que la façade, telle que la représente un joli dessin
conservé à l'hôtel de ville de Quimper, avait été construite sous la
direction du jésuite breton Guernisac, car elle ne présentait aucune
analogie avec les œuvres de Martellange, de Derand et de leurs
élèves, architectes ordinaires de la Compagnie [3]. On y trouvait les
défauts et les qualités des constructions bretonnes au dix-septième
siècle, c'est-à-dire le manque d'unité et de proportion et, d'autre
part, une originalité et un pittoresque rares à cette époque. L'édifice comprenait un corps de bâtiment à un seul étage, peu élevé,
à trois ouvertures, flanqué de deux pavillons plus élevés que le
bâtiment principal. Devant la porte d'entrée [4] existait un beau
perron à double volée. Les amateurs et archéologues bretons ont
déploré la destruction de cet édifice.

2° Plan « fait à Orléans, par Charles Turmel, 1633, pour Kim-
per[in] par l'ordre du R. P. Jacquinot, provincial » (f° 139). Ce
plan, tout différent de celui de Jacques de Guernisac, ne s'applique
pas non plus à l'église du collège commencée vers 1666, achevée
seulement vers 1768 et qui subsiste encore. Le recueil de la bibliothèque de Quimper ne nous apprend donc rien sur la construction
de la chapelle du collège — sinon qu'il y eut plusieurs essais et
des tâtonnements avant d'arriver à un projet définitif — mais les
archives du département du Finistère possèdent trois documents
qui fournissent des renseignements intéressants. Le 3 août 1666,
une convention concernant l'achèvement du collège et en particulier de l'église fut signée par les Pères Bordier, provincial des
jésuites, et Jégou, supérieur du collège de Quimper, et les repré-

----

[1] DUBUISSON-AUBENAY, *Itinéraire de Bretagne en 1636*, t. I, p. 119-130.
[2] Sur la construction du collège de Quimper, voir FIERVILLE, *Histoire du Collège de Quimper*. Paris, 1864, in-8°.
[3] Une médiocre lithographie représentant la façade du collège forme le frontispice de l'*Histoire du collège*, de FIERVILLE.
[4] Cette porte est du même style que la jolie porte datée de 1603 de l'ancien couvent des calvairiennes, aujourd'hui grand séminaire du diocèse de Quimper.

sentants des habitants de la ville : les jésuites promirent de construire l'église dans un délai de quatre ans et deux plans de l'édifice projeté furent annexés à l'acte; ils portent l'un et l'autre cette mention : « Chiffré suivant transaction de ce jour 3ᵉ aoust 1666. François du Quergoet, P. L'Honnoré, Jacques Bordier, Jean Jégou. » Sur l'un on lit cette note : « Plan de l'église du noviciat de Paris » et sur l'autre : « Élévation du dedans et du dehors de l'église du noviciat de Paris ». Ces notes sont exactes; il suffit, pour s'en convaincre, de comparer nos deux plans avec les planches de l'*Architecture françoise,* de J.-F. Blondel. (Paris, 1752, in-f°, t. II, p. 46-47) représentant l'intérieur et l'extérieur de la chapelle, aujourd'hui détruite, du noviciat de la Compagnie de Jésus située à Paris, rue du Pot-de-fer.

Les deux plans des archives départementales présentent, quant au dessin et à l'écriture, la plus grande analogie avec plusieurs des plans de Martellange conservés à la bibliothèque municipale, notamment avec les plans du collège de Rennes. On peut supposer que le frère Turmel avait conservé quelques dessins de son maître, mort en 1645, qu'il les avait laissés au collège de Quimper et que, le 3 août 1666, les jésuites proposèrent aux bourgeois les plans de l'édifice qu'il leur semblait le plus facile de construire. La promesse des PP. Bordier et Jégou ne fut pas exactement tenue en ce qui concernait la durée de la construction de la chapelle; mais les constructeurs suivirent les plans annexés à la convention de 1666; la ville de Quimper se trouve posséder ainsi une répétition de l'ancienne chapelle qui fut considérée longtemps comme le chef-d'œuvre de Martellange. Quelques légères modifications furent cependant apportées au plan primitif : les fenêtres en œil-de-bœuf des basses nefs furent remplacées, au sud, par des fenêtres en plein cintre; les fenêtres en plein cintre de la haute nef par des fenêtres en anse de panier; le profil du toit, du côté le plus rapproché de la façade, et la façade elle-même, furent un peu modifiés; enfin, la configuration du terrain obligea de construire à l'abside de très massifs contreforts. Ces modifications sont indiquées sur un dessin (de 0,77 × 0,50) qui se trouve dans le même dossier que les deux plans précédents [1].

<hr>

[1] Archives du département du Finistère, liasse D, 5. Ce dossier renferme encore un dessin de l'un des petits autels de la chapelle, par René Dumains de

3° Le recueil de la bibliothèque de Quimper contient encore un document se rapportant à un édifice situé près de cette ville : « Plan d'une chapelle à Lanyron [1] pour Mgr l'Évêque de Kimper^{tlo}, 1672 » (f° 261).

RENNES. — 1° « Élévation d'un costé de l'église du collège de Rennes (intérieur) fait par notre frère Martellange [2] qui n'a esté suivie » (f° 65).

2° « Élévation du côté du dehors de l'église du collège de Rennes fait par Charles Turmel, par commandement du R. P. Filleau, provincial, qui n'a esté exécuté » (f° 70).

Bellevue, ingénieur ordinaire et architecte du Roi au port de Brest (1693). — Comme nous l'avons dit (*suprà*, p. 7), les plans et dessins que nous décrivons ne sont pas ceux qui furent remis au commissaire de la Chambre des comptes, le 15 mai 1692 ; ces documents qui furent contresignés par le commissaire et les experts ont disparu. La chapelle du lycée de Quimper n'est pas le seul monument du pays construit sur le modèle du noviciat de Paris ; la chapelle du séminaire des aumôniers de la marine, à Brest, fut bâtie de 1741 à 1743 par Choquet de Lindu, ingénieur en chef de la marine, à Brest, qui s'inspira de l'œuvre de Martellange ; ce monument, qui existe encore, a été décrit par LEVOT, *Histoire de la Ville et du Port de Brest*, Brest, 1865, in-8°, t. II, p. 241-244 ; il est très inférieur à la chapelle de Quimper.

[1] Lanniron était un château des évêques de Cornouaille ou Quimper (arrondissement et canton de Quimper, commune d'Ergué-Armel) ; le château a été reconstruit, la chapelle n'existe plus.

[2] Ce dessin doit dater de 1624 ou de 1626 (Cf. BOUCHOT, p. 43) ; le recueil H^{dlb} renferme quatre plans pour le collège de Rennes (n°ˢ 178-181) ; le premier convenait à une très petite chapelle ; le provincial observa : *Est nimis simplex addenda aliqua ornamenta. Ita Baltazar.* Un plan tout différent dressé en janvier 1623 fut approuvé en mars 1624 ; d'après Guillotin de Corson (*Pouillé historique du diocèse de Rennes*, Rennes, 1885, in-8°, t. III, p. 438), la première pierre de l'église fut posée le 30 juillet 1624 ; en 1634, Dubuisson-Aubenay constatait que l'église était « encommencée » ; elle fut achevée en 1651. On lit dans une *Histoire de la fondation du collège de la Compagnie de Jésus à Rennes*, rédigée vers 1730 : « On fit dresser un plan par les plus habiles architectes et c'est celui dont nous voyons l'exécution, avec la seule différence que le portail de l'église devait être beaucoup plus simple qu'il n'est en effet et ne devait pas jeter une si grande dépense. » (Hist. mss. conservée aux Arch. dép. d'Ille-et-Vilaine, série F, fond de la Bigne-Villeneuve.) Les adjonctions au plan primitif firent du portail de l'église de Rennes une mauvaise imitation de la médiocre façade de l'église Saint-Louis des jésuites de Paris ; le portail comprit trois ordres au lieu de deux, et sur le sommet on grimpa les deux tours en dôme qui, dans le plan de Martellange et de Turmel, devaient accompagner les deux côtés du couronnement du portail. La chapelle des jésuites de Rennes est devenue l'église paroissiale de Toussaint.

3° Élévation de la même église (f° 75). C'est une répétition du dessin précédent, sauf quelques légères différences.

4° « Élévation d'un des costés du dehors de l'église de Rennes fait par Charles Turmel, *breton, architecte et religieux de la Compagnie de Jésus* [1], 1629, qui a esté approuvée à Rome »; une note inscrite au verso du plan, mais en partie effacée [2], porte : « Dessin faict en juillet 1630 et... envoyé à Rome, a esté approuvé... novembre 1630 » (f° 72). Cette élévation montre que Turmel avait une fâcheuse tendance à alourdir les projets de Martellange et à leur enlever toute originalité.

5° « Élévation faite, par Charles Turmel, par le commandement du R. P. Dinet, pour l'église de Rennes, y estant recteur du collège, 1629, aiant esté approuvée à Rome par notre R. P. Général et signée du R. P. Charlet, lors assistant de France, et qui a esté suivie pour la plus grande part » (f° 71).

6° « Deux dessins à choisir pour le dedans de l'église de Rennes pour le jubé de derrière la face (façade) et portail de l'église, par Charles Turmel, en l'année 1629 » (f° 74) [3].

7° Plan du collège de Rennes (f° 228).

8° Autre plan inachevé du même collège (f° 229). Ces deux plans sont probablement de C. Turmel.

ROUEN. — 1° « Plan de l'église du collège de la Compagnie de Jésus, en la ville de Rouen, 1620 » (f° 132) [4].

2° Autre plan de la même église; au verso, dessin inachevé représentant partie de la façade d'une église.

3° « Piliers de l'église... 1620 »; au verso, le plan porte l'adresse suivante : « Au Rⁿᵈ Père, le Père Ignace Hermand, provincial de la Compagnie de Jésus en la province de France, à Nevers » (f° 133).

---

[1] Les mots soulignés sont inscrits au verso des plans 4 et 5.

[2] Cette note n'est pas de l'écriture de C. Turmel.

[3] Ce dessin n'est qu'une répétition de celui de la tribune de la chapelle de Blois.

[4] Si, comme nous le croyons, ce plan et les deux suivants sont l'œuvre de Martellange, ils confirment l'hypothèse de Bouchot (p. 49-50), qui attribue à Martellange et à Derand la construction de la chapelle du lycée Corneille. M. C. de Beaurepaire a publié une notice sur cet édifice dans le *Bulletin de la Commission des antiquités de la Seine-Inférieure*, t. VII (1887), p. 339-349.

4° « Brouillard du collège de Rouen [1], tel qu'il est à présent, 1650 » (f° 226; 0,47×0,38).

5° « Griffonnement [2] sur les mesures de l'église du noviciat de la Compagnie de Jésus à Rouen » (f° 135).

Vibraye [3]. — Plan et vue cavalière d'un château fait à Paris, en décembre 1640, pour le marquis de « Vuybraye au Perche ». (f° 204). Le château comprend un bâtiment à cinq ouvertures de façade flanqué de deux pavillons; il occupe le fond d'une vaste cour carrée close, sur les côtés, par des bâtiments de service, et, du côté de l'entrée, par une fausse galerie; la porte d'entrée est surmontée d'un « dôme à l'impériale ». C'est une élégante imitation du château de Richelieu. Le château projeté ne fut jamais construit. Le marquis de Vibraye était en 1640 Jacques Hurault, chevalier de l'ordre du Roi, gentilhomme de sa chambre, baron d'Huriel, marquis de Vibraye par érection d'avril 1625, mestre de camp de deux régiments, époux (en 1613) d'Anne de Vassé. Un de ses descendants, Louis de Vibraye, fit élever à la fin du dix-huitième siècle un château qui fut détruit pendant la Révolution.

Nous avons dit que parmi les plans et dessins qui ne portent aucune désignation de lieu, il en est plusieurs que nous n'avons pu identifier; ces documents se rapportent à des collèges et églises, à trois châteaux, à des objets d'ameublement.

I. *Collèges et églises.* — 1° « Plan d'un collège avec université » (f° 231).

2° « Plan d'un collège où mettre un séminaire fait à Alençon,

---

[1] Ce plan montre qu'en ce qui concerne l'église, le projet de 1620 avait été exécuté. La légende indique les dimensions des autres bâtiments du collège, mais non leur destination.

[2] Le « griffonnement » n'est ni de Martellange ni de Turmel; le noviciat de Rouen et le collège avaient des églises distinctes. Sur le noviciat, voir *Notice* de C. de Beaurepaire dans le *Bulletin de la Commission des antiquités de la Seine-Inférieure*, t. VII (1885-1887), p. 11-26.

[3] Chef-lieu de canton de l'arrondissement de Saint-Calais (Sarthe) dans l'ancienne province du Maine, près de la limite du Perche. Le plan et le dessin sont probablement de Turmel.

en 1647 » (f° 227). Ces deux plans n'ont sans doute jamais été exécutés; l'auteur semble avoir voulu tracer le projet d'un collège ou d'un séminaire modèles tels qu'on aurait pu les construire dans un lieu où rien ne se serait opposé au développement des cours et des jardins. Le second plan, quoique dessiné pendant un séjour de l'auteur à Alençon, ne se rapporte pas à un établissement de cette ville qui ne posséda jamais de séminaire. Le collège, établi dans le parc du château, était beaucoup moins vaste que les édifices dont notre recueil donne les plans [1].

3° Plan et élévation du chœur d'une église (f° 108).

4° Façade d'une église (f° 109).

5° Élévation du transept et du dôme d'une autre église (f° 110).

6°-7° Élévation intérieure et extérieure et plan d'une grande église « à Caen, en décembre 1653 » (f° 138). Ce plan ne convient ni à l'ancienne église des jésuites (Notre-Dame ou la Gloriette), ni à l'église qui avait été construite antérieurement [2].

8° Petit plan d'une église (f° 142).

9° Dessin inachevé du fronton d'une église (f° 148).

II. *Châteaux.* — 1° Plan et élévation d'un petit château « fait par Charles Turmel, à Bloys, 1637 » (f° 207). Cet édifice ne comprenait qu'un rez-de-chaussée et des combles très élevés; un bâtiment à cinq ouvertures de façade, flanqué de deux pavillons; il était construit en briques comme beaucoup d'édifices du pays de Blois.

2°-3° Plans de deux autres châteaux (f°° 265, 266, sans légende).

III. *Ameublement.* — 1° Plan d'un entablement d'autel « en Valoignes, avec le P. Jac. Le Mercier, en décembre 1652 » (f° 145); cette note est de l'écriture de C. Turmel; les jésuites n'avaient pas

---

[1] Les plans n°° 2, 3, 5, 6, 8 se rapportent à des églises sensiblement du type de la chapelle du noviciat de Paris.

[2] La Gloriette fut construite, de 1684 à 1689, sur les plans du P. Nicolas André, jésuite; l'ancienne chapelle a été conservée; elle forme de nos jours l'une des salles du Musée des Antiquaires de Normandie (Cf. A. HAMY, *les Jésuites à Caen. Bulletin de la Société des Antiquaires de Normandie*, t. XX. Caen, 1899, in-8°, p. 161 et suiv.). Un plan général du collège de Caen porte le n° 139 du volume H^db.

de maison à Valognes, le plan était peut-être destiné à un couven
de la ville.

2° Autre plan d'un entablement d'autel (f° 149).

3°-7° Cinq dessins représentant des projets d'autel (f°* 173,
174 r°, 175, 177 r° et feuillet détaché placé à la fin du volume).

8° Dessin d'un tabernacle (f° 184).

9° « Brouillard ou griffonnement d'un dessin d'un lambris de
salle, galerie ou cabinet » (f° 180 v°).

10°-11° Dessins de clôtures de chapelles (f° 181, 182 v°).

12° Chaire pour un réfectoire (f° 180).

13°-14° Cheminées (f° 174 v°, 177 v°).

15° Plan d'un confessionnal (f° 148 *bis*).

16°-17° Deux dessins de calice : l'un à la sanguine, l'autre au
crayon (f°* 160, 182 v°).

18° Joli dessin colorié, représentant un chandelier haut de
six pieds, d'après l'échelle (f° 82 *bis*).

Nous mentionnerons encore un dessin représentant la Vierge,
l'Enfant Jésus et les anges (f° 184), et une mauvaise carte de
l'évêché de Vannes (f° 270).

*
* *

Les édifices bâtis par les jésuites sont, nous l'avons dit, d'une
grande banalité ; ce défaut est particulièrement sensible lorsqu'on
les étudie comme nous venons de le faire dans un recueil de plans.
Si l'on avait la bonne fortune de découvrir une série de documents
graphiques relatifs aux églises construites au moyen âge[1] à Amiens,
à Blois, à Orléans, à Quimper, à Rouen, on reconnaîtrait les carac-

---

[1] Nous ne croyons pas que l'on ait utilisé pour l'étude des monuments du
moyen âge les documents qui existent dans les archives d'anciennes maîtrises
des eaux et forêts : lorsqu'une abbaye ou un couvent demandait, aux dix-septième et dix-huitième siècles, la permission de procéder à une coupe de bois
pour subvenir aux frais de réparation de l'église, des bâtiments conventuels ou
des églises dépendant de l'abbaye, l'autorisation n'était accordée par l'adminis-
tration des eaux et forêts qu'après examen des édifices réputés « carents de
réparation ». Dans le petit fond de la maîtrise des eaux et forêts de Carhaix
[Arch. du Finistère, série B] qui comprenait les diocèses de Léon, Cornouaille
et Tréguier, nous avons trouvé de minutieux procès-verbaux de visite, souvent
accompagnés de plans, concernant les abbayes de Langonnet, Landévennec, le
Relec, Sainte-Croix-de-Quimperlé, Begar, Bon-Repos et Coetmalouen.

tères divers du génie de chaque race : rien de tel dans la série de plans que nous avons étudiés. Nous prions nos lecteurs de nous pardonner la monotonie de cette notice, conséquence forcée de la monotonie du sujet.

PARIS. — TYP. PLON-NOURRIT ET Cⁱᵉ, 8, RUE GARANCIÈRE. — 6332